ÉTUDES DE PHILOSOPHIE NATURELLE
2me SÉRIE : N° 9

LA CLASSIFICATION RATIONNELLE

ET

LA PNEUMATOLOGIE MÉCANIQUE

PAR

J.-ÉMILE FILACHOU
Docteur ès-Lettres.

Spiritualibus spiritualia comparantes.
I. Cor, II, 13.

MONTPELLIER | PARIS
Félix SEGUIN, Libraire-Éditeur | DURAND & PEDONE-LAURIEL
Rue Argenterie, 25. | Rue Cujas, 9.

1876

Suite des Ouvrages du même Auteur

N° 6. Sens et rationalité du dogme eucharistique. 1 vol. in-12. 1872.

N° 7. Démonstration psychologique et expérimentale de l'existence de Dieu. 1 vol. in-12. 1873.

N° 8. De l'ordre et du mode de décomposition de la lumière par les bords minces. 1 vol. in-12.

N° 9. Le système du monde en quatre mots. 1 vol. in-12.

N° 10. Classification raisonnée des Sciences naturelles. 1 vol. in-12.

2ᵉ SÉRIE : N° 1. La mécanique de l'esprit conforme aux principes de la classification rationnelle. 1 vol. in-12.

N° 2. Organisation et unification des sciences naturelles. 1 vol. in-12.

N° 3. L'Histoire naturelle éclairée par la théorie des axes (avec planche). 1 vol. in-12.

N° 4. La mécanique de l'esprit par la trigonométrie. 1 vol. in-12.

N° 5. La Classification rationnelle et le Calcul infinitésimal. 1 vol. in-12.

N° 6. La Classification rationnelle et la Phénoménologie transcendante (avec planche). 1 vol. in-12.

N° 7. La Classification rationnelle et la Géologie (avec planche). 1 vol. in-12.

N° 8. La Classification rationnelle et la Pragmatologie psychologique. 1 vol. in-12.

ÉTUDES DE PHILOSOPHIE NATURELLE

2me Série : No 9

LA CLASSIFICATION RATIONNELLE

ET

LA PNEUMATOLOGIE MÉCANIQUE

POUR PARAITRE SUCCESSIVEMENT:

(2me SÉRIE.)

N° 10. Éléments de Psychologie mathématique. 1 vol. in-12.

3e SÉRIE : N° 1. Identité du Subjectif et de l'Objectif. 1 vol. in-12.

N° 2. Le vrai système général de l'Univers. 1 vol. in-12.

N° 3. Origine des Météorites et autres corps célestes. 1 vol. in-12.

N° 4. Sources naturelles du surnaturel (avec planche). 1 vol. in-12.

Montpellier. — Typ. BOEHM et FILS.

ÉTUDES DE PHILOSOPHIE NATURELLE
2ᵐᵉ SÉRIE : N° 9

LA CLASSIFICATION RATIONNELLE

ET

LA PNEUMATOLOGIE MÉCANIQUE

PAR

J.-ÉMILE FILACHOU

Docteur ès-Lettres.

Spiritualibus spiritualia comparantes.
I. Cor, II, 13.

MONTPELLIER
Félix SEGUIN, Libraire-Éditeur
Rue Argenterie, 25.

PARIS
DURAND & PEDONE-LAURIEL
Rue Cujas, 9.

1876

AVANT-PROPOS

Rien de plus libre que le nécessaire ; rien de plus nécessaire que le libre. Rien de plus doux que l'amer ; rien de plus amer que le doux...... Ces contradictions, exorbitantes en apparence, se résolvent pourtant en un clin d'œil par la simple distinction entre *principe* et *terme*, *début* et *fin*. C'est à ce même genre de propositions que nous rapportons l'affirmation, de prime abord non moins révoltante, de l'identité du *Réel* et de l'*Imaginaire*.

Comme nous en faisons une continuelle application dans cet écrit, nous allons tâcher de l'expliquer ici le mieux possible. Deux choses, qualitativement distinctes par leurs faces relatives, sont identiques par leur face *absolue*. Soit, par exemple, un *plan*. Envisagé comme *terme*, tout plan est une *grandeur*. Envisagé comme *principe*, au contraire, tout plan est un simple *élément* d'une autre grandeur de degré supérieur dite *solide*. Donc un plan est à la fois une *grandeur* et un *élément*. Cette idée (complexe) de plan est-elle *réelle*, par hypothèse, dans le premier cas : elle ne l'est pas moins, mais forcément alors au seul point de vue de l'*Imaginaire*, dans le second. Elle réunit donc en un les deux aspects. Donc, un plan est une identité de Réel et d'Imaginaire.

Prouvons maintenant que cette coexistence de relatifs en un se trouve partout, en prenant comme au hasard pour exemple l'axiome : *Possibili posito in actu, nihil sequitur absurdi*. Le *Réel* s'élevant au rang d'*Idéal* est à l'*Idéal* descendant au rang du *Réel* comme 1^2 est à 1^1; car l'Idéal possède une extension évidente, qui fait défaut au Réel distinct, toujours singulier ou simple à son égard. Soit la *ligne* ce Réel un ou simple; passant à l'idéal, on a, en son lieu, la grandeur dont elle est l'élément, c'est-à-dire un *plan*. Par la raison des contraires, revenir de l'Idéal au Réel c'est revenir de 1^2 à 1^1, ou du *plan* à la *ligne*. Mais 1^1 était bien *contenu* dans l'idéal 1^2, avant la différenciation de ce dernier, en manière d'imaginaire. Donc, après la différenciation, 1^2 est à son tour *adjoint* au réel 1^1, en manière de *contenant* imaginaire encore. Donc dire: *Possibili posito in actu, nihil sequitur absurdi*, c'est dire équivalemment en toute rigueur : le Possible (dans lequel l'Actuel n'entre qu'en *image*) se changeant en Actuel (escorté de nouveau de l'*image* du

Possible), ce changement n'implique point contradiction. Effectivement, il n'y a qu'inversion.

Ainsi, une *Imaginarité* marche en compagnie d'une *Réalité* correspondante, et *vice versâ*. L'on n'y fait point habituellement attention parce que, à côté du *Réel* plus frappant, on néglige l'*Imaginaire* insensible ; mais le langage philosophique doit être plus correct que l'ordinaire, et suppléer ses réticences.

Cassagnoles, le 24 avril 1876.

LA CLASSIFICATION RATIONNELLE
ET
LA PNEUMATOLOGIE MÉCANIQUE.

1. La Pneumatologie mécanique est une œuvre de Mécanique *comparative*, et la Mécanique *comparative*, dans laquelle nous croyons reconnaître l'infiniment précieuse méthode ou l'art suprême de l'esprit, nous semble pouvoir être définie la science des compensations en tout ordre de choses physiques, intellectuelles et morales. Pour nous orienter à cet égard, nous prendrons ici notre point de départ dans la mécanique même des corps; car le visible est toujours une véritable image ou reproduction de l'invisible.

Certainement, rien n'est absolument fixe dans

l'univers; car l'absolument Absolu lui-même se compose de trois Variables perpétuelles qui ne lui permettent jamais la moindre station en représentation tant subjective qu'objective. Cependant, comme rigoureusement absolu, son état variable est essentiellement immanent dans sa variation; et quand, profitant alors de sa large et pleine puissance interne-externe, il réalise du dedans au dehors toute sorte de positions subordonnées analogues, à variations finies inégales, il donne immédiatement occasion à la subjective représentation d'autant de réalités objectivement constituées, comme, respectivement, les unes *fixes* et les autres *mobiles*, à l'instar par exemple des planètes et du Soleil. Or on sait bien que, dans ce cas particulier, il y a lieu d'appliquer à tous ces corps célestes les mêmes forces *réelles* ou *apparentes*; c'est pourquoi tous ensemble sont également figurables au moyen des mêmes formules elliptiques. Néanmoins, quoique le Soleil tombe ainsi sous les mêmes formules elliptiques que les planètes, il ne se dépouille point, en se prêtant à leurs rôles secondaires, du rôle originaire ou principal qui lui convient comme au Centre-focal ou vrai représentant de tout le système planétaire ; indépendamment des mouvements *relatifs* qu'il peut offrir de Soleil à planète, comme s'il était lui-même une planète, il possède donc un mouvement *absolu* lui revenant en propre, non en ce sens que les planètes ne le partagent point, mais en ce sens qu'elles ne le partagent qu'héréditairement, ou comme inséparablement inféodées au Soleil, leur principe commun et perpétuel. Ainsi, le Soleil est un exemple de deux sortes de mouvements combinés, et l'un *absolu*, l'autre *relatif*. Par son mouvement *relatif*, il décrit par rapport à chaque planète une ellipse dont la planète occupe un des foyers ; par son mouvement *absolu* radical, il décrit dans l'espace une trajectoire dont l'existence (sinon la forme) a pu déjà parfaitement être déterminée par les astronomes. De leur côté, les planètes offrent les deux mêmes mouvements : comme mobiles *par rapport* au Soleil, elles décrivent des ellipses dont le Soleil occupe un des foyers ; comme *absolument* mobiles, elles sont censées jouer à leur tour un rôle principal, mais, ce dernier rôle ne pouvant s'accorder avec le précédent *absolu* du Soleil indivisiblement transmis à chacune d'elles par héritage, elles peuvent seulement se l'approprier comme centres ou foyers secondaires de nouveaux mobiles, tels que les satellites. Faisons maintenant abstraction de ce dernier rôle incapable d'effet rétroactif dans la détermination des situations respectives du Soleil et des planètes. Comme compris dans un même système ou comme uns, tous ces corps sont animés d'un même mouvement *absolu* qui leur convient alors à tous, comme le mouvement dont serait animé par hypothèse un centre de figure conviendrait également à ses diverses parties. Mais alors, ce mouvement étant commun à tous les corps du système, il ne peut servir à les distinguer; il est donc comme *nul* entre eux ou pour eux. Donc leurs seuls mouvements *relatifs*, constamment différents, apparaissent réels et caractéristiques. Comparons maintenant entre elles les ellipses respectivement décrites par le Soleil et les planètes: il est de suite évident que, les ellipses décrites par les planètes autour du Soleil occupant une énorme étendue d'espace apparent, l'ellipse décrite par le Soleil autour de chacune d'elles est au contraire si petite qu'elle semble se réduire au volume même de cet astre. Donc, quoique réellement mobile, le Soleil semble être immobile à l'égard des planètes. Donc l'immobilité ressort en quelque sorte des conditions de la mobilité même, et de son apparition il ne suit point qu'il existe nulle part rien d'absolument fixe; il s'ensuit seulement que, en tout système d'êtres ou de corps, les forces constitutives du système peuvent impliquer en combinaison un tel ensemble d'états apparents, que certaines positions semblent avoir le privilège du repos, et les autres celui du mouvement.

2. Nous venons de montrer le Soleil relativement fixe, et les planètes relativement mobiles. Supposons alors dressée la formule du Soleil comme relativement fixe, et celle de la Terre planète comme relativement mobile : les deux formules seront à la fois incomplètes, et par là-même, en certains cas, inexactes; car, ainsi que nous l'avons admis, indépendamment de sa *station* apparente, le Soleil possède un *mouvement* absolu radical; et de même, indépendamment de son *mouvement* relatif actuel, la Terre participant (sans

initiative propre) au mouvement solaire absolu jouit, dans sa pleine inaction, du *repos* le plus parfait. En tout système d'êtres ou de corps quels qu'ils soient, la formule complète des uns et des autres exige donc qu'on y tienne compte à la fois des deux sortes de mouvements *absolu* et *relatifs* dont ils sont susceptibles, mais à la condition aussi de n'en pas faire toujours le même usage, et par conséquent d'en *annuler* à propos, en exercice *interne,* les termes ou facteurs relatifs *au dehors*, et en exercice *externe* les termes ou facteurs relatifs *au dedans*. De quelle utilité pourrait-il être, en effet, à nous qui nous intéressons à la seule position apparente du Soleil, d'en considérer le mouvement absolu dans l'espace? Et quel besoin avons-nous pareillement d'adjoindre à la révolution annuelle de la Terre autour du Soleil l'idée de son repos absolu dans le système solaire? Des formules incomplètes nous suffisent donc, en général; et la raison en est que l'observation empirique et la théorie rationnelle n'envisagent point les phénomènes par les mêmes faces et leur supposent une notable différence d'extension ou d'intensité.

C'est l'observation *empirique* qui restreint, comme c'est la théorie *rationnelle* qui généralise; et, parce que la particularisation et la généralisation ne peuvent aller ensemble, l'effet de la première est alors de détourner les formules en sens inverse de celui dans lequel la seconde les prend; car nulle formule n'est assez élastique pour pouvoir satisfaire à la fois à leurs exigences contraires. Et, si nous ne nous trompons, leurs propres procédés respectifs ne sont point autres, en dernière analyse (sauf la forme), que ceux de *différenciation* et d'*intégration*, ou même d'*abaissement* et d'*élévation* de puissance. Faisons-nous en effet abstraction ici des règles de détail inséparables d'une bonne intégration ou différenciation: il nous semble permis d'avancer que l'essence de cette dernière est constituée par l'abaissement d'un degré dans l'exposant de la puissance, comme l'essence de la première est le rétablissement du degré présupposé tout à l'heure soustrait. Est-ce que l'élément réel du *solide* n'est point effectivement le *plan*, comme l'élément du *plan* la *ligne* ? Particulariser alors en solidité, c'est descendre à la surface génératrice, comme particulariser en superficialité, c'est descendre à la ligne fondamentale ; et inversement, généraliser, c'est remonter de la ligne à la surface, ou de la surface au solide. Que, du reste, cette assimilation des procédés d'analyse et de synthèse *naturelles* à ceux d'analyse et de synthèse *infinitésimales* ne soit pas tout ce qu'on en pourrait dire, nous l'admettrons volontiers; mais, au moins, resterons-nous en droit de prétendre que, si par là nous n'avons point épuisé la question, nous en avons pourtant inauguré largement la solution, en même temps que nous nous sommes mis en mesure de justifier ici l'emploi de la Méthode déjà désignée sous le nom de *Mécanique comparative*, en tant que, par elle, l'esprit libre de ses mouvements est censé se porter alternativement de l'élément à la puissance, ou de la puissance à l'élément, et flotter ainsi perpétuellement entre contraires; car, dans les premières relations introduites en l'Absolu, l'Activité n'est point radicalement discernable de ses modes, que leur irréductibilité *de fait* n'empêche jamais d'être et de rester *absolument* uns en tout temps et sous toutes les formes.

3. Pour passer maintenant avec utilité, du précédent coup d'œil général, à l'étude approfondie du sujet de la Méthode mécanique comparative que nous venons d'esquisser, il est indispensable d'en classer préalablement avec une rigoureuse précision tous les principaux points de vue, que leur rang éminent ou leur importance exceptionnelle recommande spécialement à notre attention. Nous les trouverons d'ailleurs aisément au moyen de notre Méthode encore plus générale de classification rationnelle, d'après laquelle tous les objets du savoir se résument, en quelque branche que ce soit, sous la triple rubrique d'*acte*, de *tendance* et de *puissance*, avec considération simultanée des trois modes de groupement *unitaire*, *binaire* et *ternaire*; en remarquant qu'ici, particulièrement, les *actes* doivent être pris au nombre de *trois* comme *singuliers*, les *tendances* au nombre de *deux* comme *spéciales*, et les *puissances* enfin par *unités*, comme *générales*. Une immédiate application de ces idées les éclaircira mieux que toutes les explications théoriques possibles.

A la bien prendre, la Mécanique comparative

que nous avons entrepris de formuler est une Méthode de correction tendant à montrer partout l'*absolu* dans le *relatif* ou le *relatif* dans l'*absolu*, moyennant addition ou soustraction en l'un ou l'autre, des attributs qui peuvent, en quelque sorte indûment quoique régulièrement, y manquer ou s'y trouver de trop suivant les cas, pour arriver à discerner ainsi constamment la différence dans l'équivalence ou l'équivalence dans la différence. Mais, ce qui saute d'abord aux yeux, c'est la différence ; et la différence est la note caractéristique des individualités, des faits physiques ou des *actes* objectivement percevables au Sens externe. La première correction à faire est donc celle des *actes* respectivement absolus, externes ou apparents. Puis, une fois qu'on s'est bien assuré des faits et qu'on a pu même très-bien les classer par différence, il est inévitable aussi que leurs ressemblances ressortent à leur tour ; et ces ressemblances, qui ne sauraient plus être des ressemblances de *fond* (puisque le fond est disparate par hypothèse), sont alors des ressemblances de *forme :* par la forme, les êtres présupposés naguère séparés se rétablissent donc — qui plus, qui moins, — en union, et donnent ainsi naissance à des groupements formels de divers ordres, qui, comme toujours plus ou moins partiels, se prêtent encore à la méthode de correction sous le nom d'habitudes ou de *tendances* réelles. Enfin, le fond *externe* sur ou sous lequel se sont formées ou groupées les tendances dont nous venons de parler, s'il ne manque point de toute réalité, ne repose au moins incontestablement que sur des rapports physiques d'être à être, au milieu desquels l'Activité réagit habituellement du dedans comme elle est actuellement provoquée du dehors, sans qu'elle ait jamais l'air de s'y préparer de longue main par prévision, ni de s'en affecter à perpétuité par ineffaçable souvenir, car toutes les sensations physiques nous adviennent à l'improviste et disparaissent sans retour ; et l'on ne saurait nier que tous les êtres (conscients au moins) apportent avec eux-mêmes, en venant au monde, une activité *subjective* dont l'indépendance *intellectuelle* et *morale* de toute sensation *physique* s'atteste journellement, soit par les *fins* qu'elle ne cesse de poursuivre en une foule de cas et qui visent au-delà même du temps présent, soit par les souvenirs ineffaçables qu'elle garde à perpétuité des bons traitements inspirés par la seule bienveillance, et faits ou rendus de même sans intérêt personnel. Or une semblable activité qui s'inspire d'elle-même sans emprunter au dehors ses fins ni ses mobiles, ou toute d'initiative, n'est plus évidemment *sensible* ni *formelle*, mais *virtuelle*; elle sort donc de la région des *faits*, elle sort également de la région des *habitudes*; et sa région propre est celle des *principes* absolus, invariables. Supposé qu'elle se prête à son tour à l'emploi de la Méthode de correction, elle peut bien s'y prêter, d'une part, à l'instar des *actes* ou des *tendances*, tout autant qu'elle s'exerce temporellement dans le domaine du Sens externe ou de la Représentation empirique ; mais, d'autre part et tout autant qu'elle s'inspire d'elle-même, au lieu de comporter le même genre de correction que les *actes* ou les *tendances* physiques, elle en comporte un autre tout contraire et d'après lequel elle procède — pour la compensation — de *plus* à *moins* là où les *actes* et les *tendances* procèdent de *moins* à *plus*, et réciproquement. Ici nous avons donc atteint limite des corrections possibles en mieux, dont le premier pas ou l'origine date des *actes* sensibles.

Nous pouvons donc dire que (n'importe en quel sens progressif ou régressif) trois choses se prêtent à l'emploi de la Méthode de correction ; et ces trois choses sont les positions de *fin réelle*, de *moyen formel* et de *principe absolu*. Les fins réelles sont de l'ordre des *faits* ; les moyens formels rentrent dans l'ordre *intellectuel* ; et les principes absolus sont du ressort de l'*Esprit*. L'objet de la Mécanique *comparative* comprenant à la fois ces trois données, nous les considérerons ici toutes les trois dans l'ordre que nous venons d'indiquer, comme le plus facile et le plus naturel. Ainsi, nous parlerons d'abord des êtres *absolus-élémentaires*, puis des êtres *absolus-moyens*, puis encore de l'être *absolu-principe* un et triple à la fois ; et nous chercherons à comprendre en outre, successivement, comment les qualifications de *relatif* et d'*absolu* se concilient en eux, et comment on passe d'une classe à l'autre, avant de dire enfin comment tout se résume en l'*Un* absolu radical.

4. La classe des *faits* qui, comme plus facilement abordable, nous semble devoir être exposée la première, en comprend trois espèces, qui sont celles des *faits* à l'état d'*actes*, de *tendances* et de *puissances*. Par cette division, on voit déjà (puisque tous les faits sont des *actes*) que, immédiatement après avoir opposé les *tendances* et les *puissances* aux *faits*, nous ne tenons plus compte de cette opposition, et les rangeons désormais, au moins provisoirement, dans le même ordre, comme si par là nous ne nous contredisions aucunement. Il y a là cependant quelque chose d'étrange ou d'anormal; et, si nous ne nous laissons pas arrêter par cette difficulté, c'est qu'effectivement elle n'est point réelle mais seulement apparente ou même illusoire. Est-ce que, si les *tendances* ou les *puissances* ne descendaient jamais au rang de faits ou d'*actes*, il pourrait jamais être question de *tendances* ou de *puissances* réelles? Évidemment non. Donc, quelquefois au moins, il y a des tendances *actuelles* et des puissances *actuelles*, ou bien des actes *tendantiels* et des actes *potentiels*; et ces actes tantôt *tendantiels*, tantôt *potentiels*,

exigent seulement alors que, à côté d'eux, on en érige ou conçoive d'autres, non plus tendantiels ni potentiels, mais exclusivement *actuels* ou mieux absolus, les tendantiels ou potentiels passant du même coup dans la classe des *relatifs*. En somme, il existe donc incontestablement trois sortes d'*actes*, à savoir : les actes *absolus* purement physiques, les actes *relatifs* spécialement formels, et les actes *absolus-relatifs* spécialement virtuels ; les premiers référables au Sens, les seconds à l'Intellect, et les troisièmes à l'Esprit.

L'idée qu'ici nous voulons surtout éveiller par la qualification d'*actes* est celle de positions pour ainsi dire *brutes* ou non élaborées par la réflexion ni le goût, comme les purs actes instinctifs, dont le Sens n'est point seul capable, puisqu'il existe aussi dans l'Intellect et l'Esprit des idées et des mouvements ou des tendances et des puissances irréfléchies ou aveugles. Voulant nous rendre compte à la fois de l'existence de ces trois sortes d'*actualités* de l'ordre le plus bas, nous ne saurions mieux faire que de prendre un exemple dans lequel les trois idées d'*acte*, de *tendance* et de *puissance* semblent se matérialiser en quelque manière à la fois, et pour cela de les assimiler aux trois relations domestiques *père, mère, enfant*. Évidemment, dans le *père*, la *mère* et l'*enfant*, les trois relations formelles de paternité, de maternité et de filiation sont comme matérialisées; et, de plus, par sa prépondérance de force, le père joue le premier rôle ou le rôle *absolu* dans la famille; la mère, au contraire, par sa force réelle encore mais réduite, y joue un rôle *secondaire* ou moyen; enfin; l'enfant, de fait n'y faisant rien mais étant celui pour lequel tout se fait et par là même le faisant tout faire, est puissance réelle *dernière* et *première* tout ensemble. Voilà donc bien trois actualités brutes ou physiques, vraiment constituées l'une envers l'autre sur le type fondamental des trois idées d'*acte*, de *tendance* et de *puissance*. A les prendre relativement, ces trois idées y sont formellement représentées; et notamment le père est acte, la mère est tendance, l'enfant est puissance, mais (comme on dirait) en un tour de main ou plutôt en un clin d'œil, tout cet échafaudage de relations s'évanouit, et pris absolument ou un à un, les mêmes personnages descendent au plus bas rôle d'êtres physiques, homogènes, et correspondent seulement à trois époques successives de développement telles que (à certains égards) l'*a-sexualité*, l'*uni-sexualité* et la *bi-séxualité*. Donc, entre les genres d'êtres les plus contraires sous certains rapports d'une part, il existe d'autre part certains nouveaux rapports où leurs oppositions semblent soudainement se suspendre et se fondre en un ; mais comme, malgré cela, les différences restent, la contrariété qui ne s'en efface point par *annulation*, s'y voile donc seulement par *équilibre* ; et la solution du problème actuel que l'on demanderait en vain aux ressources ordinaires de la logique ou de la Métaphysique nous est ainsi définitivement fournie par la seule Mécanique comparative.

5. Néanmoins, la démonstration que nous venons de donner de cette conséquence en est encore une simple démonstration expérimentale et rationnelle, non une démonstration *mathématique* ou *mécanique* ; et c'est justement cette dernière qu'il entre dans notre plan de découvrir et de

donner ici. Pour la trouver, nous n'avons besoin de rien inventer en *Mécanique*; il nous suffira seulement de nous rappeler la division aujourd'hui communément admise de cette science en *cinématique, dynamique* et *statique*, et, tout en rapportant *intentionnellement* la cinématique à l'Esprit, la dynamique à l'Intellect et la statique au Sens, d'admettre *provisoirement* (par accommodation aux apparences externes) un ordre inverse de corrélation subordonnant la cinématique au Sens, la dynamique à l'Intellect et la statique à l'Esprit; car, moyennant cette dernière corrélation, l'assimilation que nous avons en vue d'établir se réalise en quelque sorte d'elle-même.

Exposons d'abord la théorie mathématique. Il y a manifestement des mouvements *actuels*; et ces mouvements *actuels* peuvent être considérés, étudiés, représentés et calculés indépendamment, tant des *forces* qui les produisent que des *effets* qu'ils produisent à leur tour. En défalquer alors les *forces* et les *effets* revient à défalquer de certains *actes* réels les *puissances* ou les *tendances* implicites; mais, malgré cela, disent les mathématiciens, ils restent sujets à calcul, et l'objet de ce calcul abstrait est alors la partie de la Mécanique dite *cinématique*. Dans cette première branche de la Mécanique, les mobiles dont le déplacement s'estime exclusivement par le temps, sont des corps purement géométriques pareils à de simples points ; et leur mouvement réel s'exprime au moyen de deux données factorielles qui sont : 1° la vitesse *absolue* représentée par *l'espace parcouru dans l'unité de temps*; 2° la vitesse *relative* représentée, soit par la *somme ou quantité d'instants consécutifs ou de temps*, soit par le *carré de cette même somme ou quantité de temps*. Le mouvement dans lequel l'espace décrit par le mobile abstrait est égal au produit de la vitesse *absolue* par la vitesse *relative* égale à la *simple somme des instants consécutifs*, est le mouvement *rectiligne uniforme*; et le mouvement dans lequel l'espace décrit par le mobile est égal au produit de la vitesse *absolue* par la vitesse *relative*, égale au *carré d'instants consécutifs*, est le mouvement *rectiligne uniformément varié*.

Soit, d'abord (en cas de mouvement *uniforme*), V la vitesse *absolue*, T la vitesse *relative* égale à la somme d'instants consécutifs: il vient, en représentant par E l'espace, E=V T. Soit, ensuite (en cas de mouvement *uniformément varié*), ½ g la vitesse *absolue*, T² la vitesse *relative* égale au carré d'instants consécutifs: il vient, en représentant par H l'espace, H=½ g T².

Nous n'avons point ici, pour la réalisation de notre plan, à prendre en considération d'autres mouvements absolus *actuels*; nous pouvons donc passer de la cinématique à la dynamique.

En cinématique, les *mouvements* étaient censés tout à l'heure *réels*, pendant que les *forces* et leurs siéges habituels ou les *corps* étaient censés *abstraits* et simples. En dynamique, les *mouvements* sont à leur tour censés *abstraits*, et les *forces* deviennent *concrètes*, les *corps* de même. Néanmoins, quoique requérant ainsi l'objective réalisation des *forces* et des *corps*, la dynamique n'en comporte encore aucunement la diffusion dans l'espace, car elle requiert en même temps qu'on se représente les masses les plus volumineuses comme constamment réduites (en cas d'homogénéité du moins) à leur centre de figure et semblables à des *points matériels*. Comment lui sera-t-il loisible alors de se représenter les forces ou leurs agissements, et de les constituer en relation, soit de réciprocité, soit d'alternance? Rien de plus simple. Toutes forces sont, comme grandeurs intensives, exprimables par des nombres; et ces nombres pris avec leurs directions et dans leurs sens sont objectivement figurables par des lignes *fictives* équivalentes aux mouvements *actuels* déjà connus; d'où il résulte que, moyennant un certain changement de lettres, les mêmes formules absolues peuvent être également employées dans les deux cas. Par exemple, dans la première formule relative aux mouvements *actuels* uniformes où l'espace objectif est représenté par E, la vitesse constante par V, et le temps variable par T, remplaçons l'espace E par la *force totale* assimilable au poids P, d'un corps réduit à son centre de figure, et substituons en outre, d'abord, à la vitesse actuelle élémentaire V, la force d'accélération élémentaire g; puis, au temps actuel variable T, la somme ou masse M d'éléments matériels réunis; nous aurons (dans le *genre* mais au lieu de la première formule $E = V T$), la nouvelle formule $P = g M$.

De même, reprenant la seconde formule $H = \frac{1}{2} g T^2$, remplaçons-y d'abord l'espace H, décrit avec une vitesse uniformément variée, par la *force* totale x, équivalente à cet espace (puisqu'elle s'acquiert ou se perd constamment dans ce trajet) ; et remarquons ensuite que, cette fois, ni la *force accélératrice* élémentaire ne peut être différente de l'*attractive* g, qui est fondamentale, ni le second facteur T ne doit disparaître pour se changer, par exemple en M ; car une raison analogue à celle qui nous a fait préférer tout à l'heure M à T nous porte à préférer maintenant T à M. En effet, soit M, soit T, font également ici fonction de coefficient ou de multiplicateur, c'est-à-dire de facteur *abstrait* exprimant la simple idée de somme, amas ou masse. Néanmoins, pour correspondre au terme du premier membre P, présupposé constant, le coefficient de g dans le second membre doit être aussi présupposé constant ; et voilà pourquoi, le supposant alors tout fait et même *intemporel*, nous avons dû le rendre par M, avec la signification de points absolus distincts, mais coexistants ou simultanés. Actuellement, au contraire, le termé x du premier membre étant présupposé variable, l'idée de complexion actuelle ne peut plus s'associer au coefficient de g dans le second membre, qui doit se prêter à la même variabilité que le premier. Ici, la somme ou complexion que nous supposions naguère toute faite est donc plutôt encore *à faire*, c'est-à-dire simplement future, idéale, successive ou *temporelle* ; et par conséquent, au lieu de maintenir M avec sa signification de constante, nous devons réintroduire T avec sa signification de variable. Ainsi, pour symbole de la force au second degré de la puissance, nous avons la formule $x = \frac{1}{2} g . T^2$.

En statique, tant les *mouvements* que les *forces* s'imaginarisent à la fois ou sont censés ne plus exister, non parce qu'ils n'existent plus en aucune manière, mais parce que, entrant en opposition avec leurs homogènes, ou bien mouvement contre mouvement, et force contre force, ils se condamnent d'eux-mêmes au repos ou s'équilibrent. On conçoit que, se constituant de la sorte en état de suspension ou d'équilibre, les mouvements ou les forces en opposition engendrent, au sein des êtres qui en sont les siéges ou représentants, des *effets* de passion proportionnels à leurs causes ; et ces effets, ne sortant point de la conscience des mêmes êtres, restent ainsi naturellement implicites. Ils ne sont pas moins, pour cela, susceptibles de représentation mathématique ; seulement, leur représentation symbolique ne peut alors différer essentiellement de celle admise déjà pour les mouvements ou les forces ; et toute la différence qu'il y faut voir pour l'accommoder au nouveau cas, se tire du rôle prépondérant attribué désormais au *signe algébrique* d'*égalité* compris entre les membres des équations précédentes :

$$\begin{cases} E = VT \\ H = \frac{1}{2} g T^2 \end{cases} \begin{cases} P = g M \\ x = \frac{1}{2} g T^2 \end{cases}$$

En effet, d'après la manière d'entendre ou d'interpréter ces équations, le signe algébrique d'égalité ralliant le second membre au premier exprime une identité complète de *nature* (par *genre* ou par *espèces*) des deux côtés ; c'est pourquoi la première équation $E = VT$ signifie, par exemple : l'espace est le produit de la vitesse par le temps; la seconde $H = \frac{1}{2} g T^2$ signifie de même : la hauteur de chute est le demi-produit de la vitesse par le carré du temps, etc. En statique, maintenant, il n'en est plus ainsi ; les mouvements opposés ou les forces contraires étant déjà présupposés en relation n'importe comment, le Signe algébrique d'égalité par lequel on les conjoint, n'est plus interposé pour indiquer, soit la manière dont le composé sort du simple, soit la manière dont le simple répond au composé, mais seulement l'identité d'effet par lequel le terme unique d'un côté tient tête au couple des termes combinés de l'autre ; c'est pourquoi la forme admise des équations peut se changer, sans la moindre altération intrinsèque, en la suivante, plus conforme au nouveau cas :

$$\begin{cases} E - VT = O \\ H - \frac{1}{2} g T^2 = O \end{cases}, \quad \begin{cases} P - g M = O \\ x - \frac{1}{2} g T^2 = O \end{cases}.$$

Pour offrir un exemple pratique de ce changement de vue portant exclusivement ou du moins tout spécialement sur le signe, nous prendrons pour objet de comparaison le cas du parallélogramme des forces, où l'on sait que, de deux composantes rectangulairement associées, provient une résultante commune dont le carré répond à la somme de leurs propres carrés. En imaginarisant alors tour à tour les composantes ou la résultante, on varie l'état réel des choses par rapport à l'ordre effectif de causalité, mais on n'en modifie jamais le *sens;* dès lors qu'on suppose, au contraire, les composantes et la résultante, réelles à la fois, mais en outre opposées, l'ordre effectif au moins apparent de causalité change du tout au tout, car, cette fois, tout mouvement ou toute force cesse immédiatement d'exister pour le dehors, et tout le devenir inséparable de leur enlèvement se concentre au dedans.

Recueillant maintenant tout ce que cette rapide revue des bases de la cinématique, de la dynamique et de la statique nous a permis de reconnaître clairement, nous pouvons établir sans difficulté : 1° Qu'il existe trois sortes d'équations, telles que les suivantes α), β) et γ),

$$\alpha) \begin{matrix} P = VT \\ H = \tfrac{1}{2} g T^2 \end{matrix}, \qquad \beta) \begin{matrix} P = gM \\ x = \tfrac{1}{2} g T^2 \end{matrix},$$

$$\gamma) \begin{matrix} E - VT = 0 \\ H - \tfrac{1}{2} g T^2 = 0 \end{matrix}, \text{ etc.}$$

2° Que ces trois sortes d'équations ne sont pas propres à représenter les mêmes choses, mais qu'il faut voir tout particulièrement : dans les premières α), une image de *mouvements*; dans les secondes β), une image de *forces* ; et dans les troisièmes γ), une image d'*effets* ;

Et 3°, enfin, que, malgré cette différence de signification, soit comme construites sur le même type général, soit comme s'impliquant de loin ou de près, ces trois sortes d'équations sont également propres à se remplacer comme équivalentes. De là, nous conclurons : Donc elles sont à la fois identiques et différentes entre elles. Donc les différences mathématiques ou mécaniques les plus saillantes n'excluent point la plus rigoureuse équivalence ; et tous états matériels sont susceptibles de coexister par compensation, à la manière, par exemple, des divers groupements *abc, bac, bca*, bien certainement distincts *de fait*, mais non moins certainement identiques *en principe*.

6. Le premier usage qu'il convient de faire de cette vérité désormais bien et dûment établie : *que*

les états le plus contraires ne s'excluent point et peuvent coexister parfaitement ensemble, est sans contredit de l'employer à la bien comprendre elle-même ; et pour cela, nous nous garderons bien de tomber dans l'illusion de ceux qui regardent comme indispensable à toute identification *consommée* l'absence de *toute* distinction ou différence ; car, au contraire, sans distinctions ou différences il n'y aurait point d'identification possible, et, plus les distinctions ou différences croissent, plus l'identité croît ou s'approfondit. Prenons pour exemple la relation entre *nature* et *personnalité*. Nulle opposition n'est plus capable de s'aggraver que celle qui règne entre ces deux notions. Déjà, chez l'homme individuel où la *nature* est une, et la *personnalité* de même, ces deux notions sont tellement opposées qu'on y peut voir en plein l'opposition flagrante d'imaginaire à réel ou de réel à imaginaire ; car la nature est un *genre* et en a par conséquent toute l'extension ou l'imaginarité, quand de son côté la personnalité particularisée le plus possible est la réalité même à l'état d'*acte singulier* irréductible. Qu'on essaye cependant, alors, si l'on peut, de concevoir la personnalité sans la nature, ou la nature sans la personnalité: l'on n'en pourra jamais venir à bout, parce que, en s'excluant même ou comme s'excluant réellement, elles s'impliquent étroitement et sont par là même inséparables. Telles sont à peu près encore les idées de haut et de bas ou de droit et de gauche. Veut-on des idées distinctes, irréductiblement distinctes : ces idées le sont à souhait, et l'on ne court point le moindre danger de jamais les confondre. Mais, pourtant, qui concevra jamais le haut sans le bas, et le bas sans le haut, ou le droit sans le gauche, et le gauche sans le droit ? Personne. Il en est de même, actuellement, de la *nature* et de la *personnalité*, jusque chez l'homme, où la généralité de l'une est si réduite, et la singularité de l'autre si (phénoméniquement) grossie. Témoin des défauts d'autrui, conscient aussi de ses propres défauts, l'on ne songe jamais cependant à regarder comme des vices de la nature humaine ces défauts individuels: on distingue donc constamment entre la nature et la personnalité ; mais, en distinguant entre ces deux choses, on ne les sépare point, et toujours à la pensée de l'une ou joint la pensée de l'autre, en raison de la conviction où l'on est que, si l'une s'évanouissait, l'autre s'évanouirait aussi du même coup.

Imaginons, maintenant, que les deux notions de *nature* et de *personnalité*, si nettement distinctes dans leur éternelle corrélation, se modifient et s'accentuent contradictoirement chacune à part, en ce que, par exemple, la nature humaine devenant (en apparence) double par la distinction des sexes, la personnalité humaine se double également par la division des fonctions. Alors, il importe peu que la Nature semble vouloir, en se compliquant, redoubler l'écart irrémédiable et primitif d'homme à homme ; la Personnalité, se compliquant concurremment au même degré que la Nature, compense par son extension ou sa vivacité la profondeur de l'abîme entr'ouvert, et l'accroissement des besoins est immédiatement réparé par l'accroissement de puissance.

Admettons, enfin, que, la Nature se traduisant pour le dehors en trois *genres* comme elle se dédoublait tout à l'heure en *espèces*, la Personnalité, qui, naguère, s'arrêtait au *carré* de la puissance, en atteint cette fois le *cube* ou s'élève à sa perfection. Rien, sans doute, n'apparaîtra désormais plus réduit ou plus simplifié que la Nature, mais aussi rien n'apparaîtra plus complexe ni plus exalté que la Personnalité : l'infiniment petit correspondra donc par trois fois à l'infiniment grand ; et, comme il est nécessaire de les voir constamment (à titre de soutènement) l'un dans l'autre, il s'ensuit que finalement l'extrême intensité coexiste à l'extrême extension, quand à la triple Personnalité correspond la plus rigoureuse simplicité de Nature.

7. Autant, cependant, il importe de ne jamais perdre de vue la distinction dans l'identité, autant il importe encore d'être attentif aux différents modes, soit de composition de facteurs dans les *produits*, soit de groupement d'éléments dans les *termes*, si l'on veut retirer de la distinction ce qu'elle doit fournir, c'est-à-dire, l'institution de Personnalités nettement caractérisées et contraires. Dans le cas, par exemple, où la Nature est composée de trois *genres*, chacun d'eux fait face à deux autres ; et, la *Personnalité* qui lui

revient en propre existant alors au troisième degré de la Puissance pendant que la Nature se distribue en leur somme, on a, pour la représenter entière, la formule $\frac{1^3}{1+1+1}$. Au contraire, dans le cas où la Nature comprend seulement deux *espèces*, chacune des espèces n'a devant soi que l'autre espèce, dont l'implicite possession l'élève au second degré de la puissance ; mais, personnellement ainsi moins élevée que tout à l'heure d'une part, elle est en revanche personnellement moins divisée de l'autre ; et sa *personnalité* de second ordre est alors exprimable par la formule $\frac{1^2}{1+1}$. Enfin, là où la Nature indivise reste qualitativement une, comme chez l'homme, la *personnalité* qui lui correspond ne doit point pouvoir évidemment (au moins de prime abord et pour le dehors) dépasser la première puissance ; mais elle n'est aussi divisible que par l'unité brute ou matérielle, et son expression se réduit alors à la formule $\frac{1^1}{1^0}$.

D'après ce que nous avons voulu démontrer dans les §§ 4 et 5, les trois formules

$\frac{1^3}{1+1+1}$, $\frac{1^2}{1+1}$, $\frac{1^1}{1^0}$ (ou plutôt les *Personnalités* qu'elles caractérisent) doivent s'impliquer réciproquement malgré leurs différences absolues, ou bien encore doivent irréductiblement différer l'une de l'autre malgré leur identité fondamentale plus ou moins éloignée. Mais, peut-être, ni leur identité n'apparaît clairement, ni leur irréductibilité n'est aisément percevable. Nous avons donc à résoudre ici ces deux questions. Nous nous occuperons d'abord de résoudre la première, parce que la solution en est possible par les seules explications déjà données.

8. Il est déjà démontré que les trois modes d'être ou d'activité désignés par les noms d'*acte*, de *tendance* et de *puissance*, quoique formant trois choses bien caractérisées et même (sous ce rapport) irréductibles, se prêtent (sous un nouvel aspect) très-bénignement ou pacifiquement à l'arrangement sous un seul chef ou dans une seule classe. Car, avons-nous dit, les *actes* ne sont pas seuls à se ranger sous le titre de *faits* ; mais les *tendances* sont aussi des *faits*, quand elles

sont réelles : et les puissances les plus élevées, si elles sont réelles, ne peuvent échapper à la même dénomination de *faits* donnés, patents, sensibles. Bien plus, cherchant alors à traduire ces trois sortes de faits *actuels*, *tendantiels* ou *potentiels* en formules mathématiques ou mécaniques, nous avons reconnu que les faits purement *actuels* sont assimilables à des *mouvements*, ainsi que les faits *tendantiels* à des *forces*, et les faits *potentiels* à des *effets* ou *passions* Et nous avons pu même en dresser les formules. Or, si la *puissance*, la *tendance* et l'*acte* sont trois modes d'existence qualitativement distincts sans réduction possible à certain point de vue, ce point de vue ne peut certainement être autre que celui des degrés de la puissance, à la manière dont, par exemple, le *solide* diffère du *plan*, et le *plan* de la *ligne*. Car, évidemment, il n'y a point en général irréductibilité de ligne à ligne, ni de plan à plan, ni de solide à solide ; mais il y en a toujours, sans contredit, de solide à plan, et de plan à ligne, puisque toutes ces choses sont incomparables entre elles. Donc la différence entre *acte*, *tendance* et *puissance* est une différence

hiérarchique ou de degrés. Donc elle équivaut à la série d'expressions $\frac{1^3}{1+1+1}$, $\frac{1^2}{1+1}$, $\frac{1^1}{1^0}$.
Donc, puisque, malgré cette irréductibilité dans l'ordre *hiérarchique*, les mêmes notions d'*acte*, de *tendance* et de *puissance* ne sont point incapables d'association et d'identité dans l'ordre des *faits*, les personnalités *hiérarchiquement* représentées par les mêmes formules sont, *de fait*, semblablement identifiables ou comparables entre elles.

Maintenant, à laquelle des trois sortes de formules *mécaniques* déjà trouvées (§ 5) correspondent séparément les personnalités de nature *actuelle*, ou *tendantielle*, ou *potentielle*? Faut-il assimiler, par exemple, les personnalités *potentielles* à des *mouvements*, les *tendantielles* à des *forces*....., ou bien introduire d'autres corrélations ?... Adoptant ici le mode de corrélation le plus apparent ou le plus plausible à première vue (comme il convient dans l'ordre des *faits*), nous admettrons les *puissances actuelles* à titre de *forces*, les *tendances actuelles* à titre de *mouvements*, et les *purs actes* à titre de *passions*. Ainsi, nous représenterons les puissances *suprêmes* $= 1^3$, en tant qu'abaissées au rang de *fait* par les équations

$$\beta) \begin{cases} P = g\,M \\ x = \tfrac{1}{2} g\,T^2 \end{cases};$$

les puissances *moyennes* $= 1^2$, en tant qu'existant encore au rang de *fait*, par les équations

$$\alpha) \begin{cases} E = V\,T \\ H = \tfrac{1}{2} g\,T^2 \end{cases};$$

et les puissances élémentaires $= 1'$, de même rang, par les équations

$$\gamma) \begin{cases} E - V\,T = 0 \\ H - \tfrac{1}{2} g\,T^2 = 0 \end{cases}, \text{etc.}$$

Et la raison en est manifeste. Des puissances absolues dont chacune se suffit à soi-même pour tout ce qu'elle peut entreprendre ou vouloir, ne sortent jamais, à proprement parler, de chez elles dans leurs actes les plus vastes ou les plus prolongés ; et, par suite, leur degré n'éprouvant aucune variation, les mouvements accomplis les plus lents ou les plus rapides et les sentiments excités les plus profonds ou les plus superficiels sont comme imaginaires et comme non avenus à leur égard : donc ces puissances existent *de fait* à l'état immanent de *forces*. Nous les appellerons, en cet état, des puissances *dynamiques*. Au contraire, les tendances relatives dont chacune s'emploie sans discontinuation à passer de principe à fin, pour les établir ou maintenir en incessante union, ressemblent à des voyageurs perpétuels ou des messagers de profession ; il est donc bien impossible alors de les distinguer ou séparer des *mouvements* qu'elles exécutent ; et les formules de ces mouvements sont aussi les leurs. Les tendances sont donc spécialement *cinématiques*. Enfin, quand des actes, comme les réactifs, s'exécutent toujours pour ainsi dire sur place et ne sont suivis par eux-mêmes d'aucun effet externe, mais se contentent d'exciter plus ou moins au dedans le sentiment, ils apparaissent clairement réduits à jouer dans ce cas le rôle de récipients ; et, n'importe alors que ces mêmes actes puissent être ultérieurement, par simple assentiment interne de leur part, l'occasion ou le point de départ des plus graves conséquences et des plus considérables événements, — comme y donner seulement occasion ce n'est point les produire, — tous ces notables effets leur étant seulement imputables en principe n'en modifient point le caractère intrinsèque ou natif, suffisamment alors représenté par les équations γ). Nous donnerons aux termes de cette classe le nom d'actualités *statiques*. Les actualités *statiques* sont des *machines outils* dans la main des actualités *cinématiques* ; et les actualités *cinématiques* sont des *machines motrices* dans la main des actualités *dynamiques*.

9. Après avoir démontré dans le précédent paragraphe l'identité des contraires, il nous reste à démontrer la thèse inverse ou l'irréductible contrariété des identiques. Cette thèse est toute nouvelle, et nous n'avons jusqu'à présent rien dit qui tende de près ou de loin à l'établir : aussi nous appliquerons-nous d'abord à bien exposer l'état de la question présente, dont la solution nous établira plus tard au cœur même de notre sujet.

Au début de la thèse précédente (§ 6), nous avons signalé l'illusion de ceux qui ne peuvent rien imaginer de *distinct* et à plus forte raison de *contraire* entre *identiques*. Pareille serait ici l'illusion de ceux qui ne croiraient jamais l'*iden-*

tité possible entre *contraires*. Ordinairement, on distingue entre *identiques* au moyen de simples différences de *fait*, telles que des inégalités de masse, ou de volume, ou de couleur, etc., dont aucune ne semble compromettre en rien l'identité de *genre* ou de *fond* ; mais si l'on pousse plus loin la différenciation et la fait porter jusque sur le fond prétendu commun entre les termes comparés, on s'imagine aussitôt que toute l'identité sombre du même coup ; et cependant, ce qui sombre seulement alors dans la plupart des cas, c'est l'identité du *genre prochain*, ordinairement le plus apparent, et non celle des *genres communs* plus éloignés dont on n'a pas habituellement soin de tenir compte. Ainsi, quand, cessant de comparer ensemble *reptiles* et *poissons*, regardés comme identifiables par leur caractère commun d'animaux *vertébrés*, on compare ensemble *reptiles* et *céphalopodes*, entre lesquels le seul genre commun le plus prochainement possible est celui d'*animal*, l'identité recule sans doute, mais elle ne sombre et ne disparaît point entièrement ; et sous le genre le plus éloigné d'*animal*, les nouveaux êtres comparés sont aussi réellement identiques à leur manière que les précédents l'étaient ou pouvaient l'être sous le genre commun de *vertébrés*. Dès qu'on admet un levain de différenciation ou de division entre deux termes identiques par hypothèse, pourquoi ne pourrait-on maintenant supposer ce levain grandissant sans cesse et dégénérant en opposition complète, absolue? Réduite alors à son dernier degré, l'identité ne sera plus, si l'on veut, qu'*actuelle*; mais n'est-ce point là justement le caractère de celle que nous avons, jusqu'à cette heure, seule admise entre les personnalités de troisième, de second et de premier degrés, représentées par les formules $\frac{1^3}{1+1+1}$, $\frac{1^2}{1+1}$, $\frac{1^1}{1^0}$?... On ne se fait peut-être point d'idée d'une identité simplement *actuelle*; cependant, cette identité ne laisse point d'avoir son importance et sa signification, aussi bien que toute autre *formelle* ou *virtuelle* moins réduite.

Là où cette identité règne par hypothèse, les termes comparés sont du même genre *objectif* ou *physique*; là où elle ne règne pas, les termes comparés n'ont plus même genre *apparent*. Prenons par exemple le *Calorique*, la *Lumière* et l'*Électricité*. Ces trois agents physiques sont certainement, par différence de degrés, respectivement compréhensibles sous les trois formules précédentes; car le Calorique, si puissant sur la matière, est incomparablement supérieur à la Lumière, seulement visible, et la Lumière à son tour l'emporte incomparablement sur l'Électricité, seulement accusée par des mouvements immédiatement inobservables en eux-mêmes, abstraction faite de toute matière et coloration. Néanmoins, parce que ces mêmes mouvements sont médiatement observables et se rangent indirectement parmi les *faits* d'expérience sensible, l'Électricité qui les produit au même titre que la Lumière la coloration, ou le Calorique la matière, partage à bon droit avec ces deux agents *physiques* cette détermination objective; c'est pourquoi le même *genre commun* est alors l'apanage des trois. Essayons, au contraire, de comparer ensemble, par exemple, le *Calorique* et la *Pensée*. Malgré que la Pensée soit encore un acte comme le Calorique, nous ne pouvons plus l'opposer à ce dernier en cette qualité, comme nous opposions naguère ensemble le Calorique et la Lumière, ou la Lumière et l'Électricité ; car, comme actes *physiques*, le Calorique, la Lumière et l'Électricité se subordonnaient au même genre commun *actuel* : le Sens ; et maintenant, au contraire, le Calorique et la Pensée se subordonnent à deux genres *actuels* différents : le Sens et l'Intellect. Cependant, cette assimilation du Calorique et de la Pensée, qui ne peut aboutir en l'acte tant soit peu tournant au *relatif*, comme l'acte *physique* dans un cas et l'acte *intellectuel* dans l'autre, peut très-bien aboutir en l'*acte* dégagé de relation ou pris dans un sens *absolument absolu* ; c'est pourquoi la note d'*actualité* leur est au moins commune. Donc, au moins dans un sens *absolument absolu*, tout s'identifie réellement, ou bien l'extrême opposition coïncide avec l'extrême identité.

Dès que trois classes générales d'êtres possibles sont ainsi reconnues définitivement homogènes comme tombant au moins sous l'idée commune de simples *faits* objectifs, ces êtres sont par là même censés n'exister, quels qu'ils soient d'ailleurs, qu'au premier degré de la puissance $1'$ et sous la forme des équations γ), § 5, puisqu'ils sont objectivement indifférents entre eux comme uniformes. Mais, alors, leur distinction ne saute point aux yeux ou ne ressort point. Supposons qu'elle ressorte : c'est à la condition de changer subitement de genre et de s'offrir sous la forme des équations α) ou β), et tandis qu'ils pouvaient naguère exister en nombre quelconque en chacun des trois genres possibles, de ne plus fonctionner que par groupes de deux ou par paires.

10. Les explications dans lesquelles nous venons d'entrer, avaient moins pour but de résoudre la question pendante que d'en préparer simplement la solution. Pour nous y mieux préparer encore, reprenons ici la comparaison des deux classes d'animaux de différents embranchements, tels que *reptiles* et *céphalopodes*, appartenant, les premiers à l'embranchement des *vertébrés*, et les seconds à l'embranchement des *mollusques*. Ces deux groupes d'animaux sont évidemment irréductibles au point de vue du *genre prochain*

non identique ou commun entre eux, mais ils ne le sont pas au point de vue du *genre éloigné* de l'Animalité commune aux deux : ils sont donc à la fois identiques et différents. Comment le sont-ils toutefois ? Les reptiles, appartenant à l'embranchement *supérieur* des *vertébrés*, peuvent être regardés comme subsistant au *troisième* degré de la puissance, par rapport aux céphalopodes, appartenant à l'embranchement *moyen* des *mollusques*, et par là même réputés seulement du *second* degré. Représentons alors l'avantage de perfectionnement organique propre aux reptiles par un *poids* relativement plus fort, et leur plus grande proximité de la souche ou du genre commun par un *bras de levier* relativement plus court ; voyons de même une image de l'infériorité qualitative des céphalopodes dans un *poids* relativement plus faible, pendant que leur plus grand éloignement respectif de la souche sera représenté par un *bras de levier* relativement plus long. Faisant le produit de leurs avantages et désavantages respectifs, nous pourrons obtenir que, en certains cas au moins, ils se compensent, comme il arrive en Mécanique qu'on a des produits Pl et Lp parfaitement égaux entre eux, et, dans ces cas au moins, nous aurons l'équivalence absolue de deux différences également absolues, irréductibles.

Cette équivalence absolue de deux différences *actuelles* irréductibles diffère essentiellement de l'identité pareillement *actuelle* que nous avons d'abord présupposée régner entre différents. Cette dernière identité constituait assurément une équivalence ; mais, comme *actuelle*, elle poussait l'équivalence à bout ou l'impliquait toute *réelle*; c'est pourquoi les différences restant étaient *formelles*. Présentement, au contraire, les différences sont par hypothèse, *actuelles* : donc la nouvelle équivalence est tout spécialement *formelle*. Soient, par exemple, les trois êtres humains *père, mère, enfant*.

Il nous est d'abord évidemment libre d'envisager ces trois êtres seulement comme *humains* ou par leur face commune. Constituant alors trois individualités semblables et réduites chacune au rang de simple fait, ils ne se multiplient ni ne se divisent, et peuvent seulement s'agréger ou se désagréger comme s'agrègent ou se désagrègent des quantités homogènes en algèbre. Or, agré—

4

gées en manière de somme ou de masse, des quantités sont constamment réunies sans la moindre coopération de leur part ; et, passivement introduites dans l'ensemble, elles n'en sont que des éléments intégrants ou formels, non effectifs ni causes positives. Donc leur seule *nature* commune est alors le principe *actif* ou réel de leur union ; et voilà pourquoi leur équivalence, seule cause éminemment *actuelle* ou active, est dite avoir en même temps toute la prééminence de *fait*.

Au lieu, maintenant, de délaisser ainsi la prééminence au fait physique *objectif*, imaginons que les trois êtres présupposés se démontrent *subjectivement* plus ou moins différents, en commençant à se grouper par eux-mêmes deux à deux ou par couples, tels que ceux de père et de mère, d'une part, ou de mère et d'enfant, de l'autre : dès ce moment, les individualités commençant à régir la nature commune par influences réciproques, ne sont plus *passives*, comme tout à l'heure, mais *actives* ; elles se compliquent donc *formellement*, et s'élèvent ainsi, du premier degré de la puissance objectivement improductif, au second simultanément influent sur le dedans et le dehors.

Cependant, toutes personnalités qui se contentent ainsi de s'influencer relativement par couples, ne supplantent clairement qu'en partie la nature commune, dans la direction suivant laquelle elles s'envisagent; car, habituellement, elles doivent laisser exempts de tout engagement leurs rapports individuels avec le troisième terme actuel exclu par hypothèse de l'ensemble binaire. Chez elles, la Nature et la Personnalité trouvent donc à s'exercer à la fois. Or, où la Nature agit, règne la *nécessité*; quand, au contraire, la Personnalité se fait jour, elle fait preuve de *liberté*. L'intervention des groupements binaires a donc pour effet immédiat de mettre ou de montrer aux prises les deux principes *formels* de tout le devenir, ou le *nécessaire* et le *libre*.

11. A l'occasion ou plutôt en raison du nécessaire et du libre, nous pouvons distinguer en l'exercice de toute activité deux *sens* et deux *directions*. Une activité passe-t-elle du premier

degré de la puissance au second : elle *s'élève*. Passe-t-elle du second degré de la puissance au premier : elle *descend*. Or, la différence qui règne entre s'élever et descendre est une différence de *sens*. Une activité subsiste-t-elle, maintenant, au second degré de la puissance : elle occupe au moins facultativement deux positions à la fois, puisqu'elle exerce habituellement double fonction ; elle est donc réellement *extensive*. La même activité descend-elle du second degré de la puissance au premier : elle a du moins le choix entre les deux premiers degrés de la puissance à démêler, à peu près comme le diviseur entier de *6* peut être indifféremment *3* ou *2* ; elle est donc cette fois facultativement *intensive*. Or, la différence entre deux activités respectivement, l'une *extensive* et l'autre *intensive*, est une différence de direction, l'*intensive* se déployant de fait *longitudinalement*, et l'*extensive transversalement*. Cela posé, remarquons que, nulle activité subjectivement active ne pouvant se donner ce qui lui manque, s'il en est une qui s'élève du premier degré de la puissance au second, cette élévation de degré ne peut être en elle son œuvre *propre*, mais l'œuvre de la *Nature* : donc toute élévation de degré, quand elle arrive, est fatale ou *nécessaire*. Au contraire, une activité libre a manifestement pour premier objet ou sujet de son action elle-même ; et, supposé qu'elle existe au second degré de la puissance comme produit, elle a ce même produit pour immédiat objet ou sujet de son action : elle peut donc défaire par elle-même ce que, sans elle et moyennant son inaction préalable, la Nature seule a déjà fait : donc tout abaissement de degré, quand il arrive, arrive *librement*. Voilà donc un premier point important irrévocablement acquis déjà : radicalement, tout accroissement de degrés est un effet *nécessaire*, et tout décroissement de degrés est un acte *libre*. Mais ce n'est pas tout : en passant du premier degré de la puissance au second, une activité devient, d'après ce qui précède, d'*intensive*, *extensive*, ou de *partielle*, *entière*, ou d'*exclusive*, *inclusive* ; et si par hypothèse elle revient du second degré de la puissance au premier, c'est l'inverse qu'il faut dire. Donc le second degré de la puissance est comme un redoublement du premier, ou bien le premier est comme un dédoublement du second. Comment, alors, le premier et le second degré de la puissance peuvent-ils être équivalents ?

Nous avons déjà répondu sommairement à cette question quand nous avons (dans le précédent paragraphe) déclaré ce nouveau cas d'équivalence spécialement *formel*. Un cas d'équivalence *brute* ou *réelle* se trouverait dans l'équation $2 = 1 + 1$, mais il ne peut être dans l'équation $2 = 1 + \sqrt{-1}$, ou mieux encore $2 = 1 + 0$. Cependant, ce dernier cas peut devenir un exemple d'équivalence *formelle*, en supposant que, par quelque sous-entendu (tel que la secrète addition, au second membre, d'un binôme inverse $0 + 1$), on rétablisse mentalement l'égalité. Prenons un autre exemple. Vingt pièces de un franc d'argent sont l'équivalent d'une pièce d'or de même valeur; mais, si de fait ou par supposition l'or doit procurer des avantages qu'on ne saurait obtenir avec l'argent, on peut bien demander ou donner pour équivalent d'une pièce d'or vingt et une pièces de un franc d'argent. On voit par là que l'équivalent *formel* comporte plus de latitude que le pur équivalent *actuel*. L'équivalent purement *actuel* ne peut jamais, en tout ni en partie, être fictif; l'équivalent *formel*, au contraire, peut être partiellement, notablement même, en bien des rencontres, imaginaire : et pour lors il ne laisse point d'être encore réel à sa manière, aux yeux des personnalités du second ordre entre lesquelles il a cours.

On peut remarquer un emploi fréquent de cet équivalent fictif dans le prix des choses de luxe, régulièrement établi sur des bases éminemment gratuites et généralement acceptées. Mais n'est-ce pas encore le même mobile qui donne souvent tant de poids aux opinions régnantes, et leur fait sacrifier le repos, les biens et la vie même ? Rien ne requiert d'ailleurs, pour son acceptation, qu'il soit d'un usage général, car chacun peut l'établir à sa guise. N'y a-t-il pas des individus pour lesquels un seul bien exclusivement possédé compense de la perte de tous les autres, et qui sacrifieraient pour un seul moment de jouissance toute l'éternité ? Jugeant ou vivant de la sorte, on ne se règle pas moins sur la notion d'équivalence; mais l'équivalent en question est le *formel*.

12. L'équivalence *formelle*, conçue par chacun à sa guise, est une équation originairement arbitraire et souverainement pleine de périls, hors les seuls cas où elle se pose avec l'approbation de la raison ou sous les auspices de la nature. La nature est justement ce qui fonde ou rend nécessaire la loi d'équivalence, et la raison est ce qui la dicte à la liberté; mais il reste alors toujours à l'appliquer; et comme, bien qu'elle soit nécessaire en principe, elle reste facultative en pratique, il résulte de là que toujours les applications en sont individuelles ou personnelles, avec cette différence que, les unes satisfaisant réellement à la loi, les autres n'y satisfont qu'en apparence.

D'abord, l'équivalence règne entre la *nature* et la *raison* absolument envisagées, et par là même entre la *nécessité*, conséquence de l'une, et la *liberté*, conséquence de l'autre. Il n'y a donc radicalement nul danger à redouter de l'abandon à la nécessité naturelle, ni de l'usage rationnel de la liberté. D'ailleurs, la nécessité naturelle ne peut jamais être suspendue; la question est seulement de savoir si, libre de s'y conformer ou de ne pas s'y conformer dans ses actes accidentels, on ne tentera point, suivant qu'on en juge le cours ou trop rapide ou trop lent, de le prévenir quand on le trouve trop lent, ou de l'entraver quand on le trouve trop rapide. La liberté n'implique donc pas seulement la *faculté de l'ordre*, mais, à cette faculté de l'ordre, elle joint aussi la *faculté du désordre* ou des renversements ; et, sans doute, la raison, naturelle au moins en principe, obvie d'avance à cet énorme inconvénient (qui, pourtant, n'en est pas un *au fond*, comme nous le démontrerons bientôt, § 13) ; mais, comme sa direction n'est nullement coercitive à la manière de la nature qui la fonde, on cherche souvent à lui donner du renfort au moyen de résolutions ou de vœux, par où la meilleure manière de remédier aux abus de la liberté semble être celle d'en supprimer l'usage. Tous ces moyens ne sont cependant encore que des fictions ; car, en définitive, la puissance d'exécuter les résolutions prises ou d'accomplir les vœux émis est bien toujours la liberté. Cette puissance personnelle est donc finalement tout à fait inaliénable, et si bien inaliénable qu'elle est, à tout considérer, la *personnalité* même, comme institutrice ou fondatrice de la manière propre à chacun d'appliquer la loi d'équivalence. Telle est, assurément, la nature radicale d'un être, telle en est aussi la liberté. Car l'extension et l'intensité de l'*être* sont la mesure de l'extension et de l'intensité de l'*agir*. Or, l'être et l'agir, identifiés, sont le Réel absolu, positif, indivisible, indiscernable de la Personnalité même, qui les réunit ou possède en soi tous deux. Donc, la liberté constitue la personnalité, comme la constitue de son côté la nature ; et la Personnalité formée des deux peut être définie l'équivalence réelle de la nature et de la liberté passées au rang de simples déterminations formelles et relatives.

Maintenant, supposé qu'une Personnalité restât toujours ce que la nature la fait, elle serait sans contredit libre, mais elle n'userait aussi de sa liberté que pour se conformer à la nature ; et, tandis que la nature l'élèverait incessamment, du premier degré de la puissance $= 1^1$, au second $= 1^2$, elle s'appliquerait incessamment encore à descendre, du second degré de la puissance au premier ; ce qui constituerait un mouvement circulaire éternel et par là même insensible par son uniformité persévérante. Or, il entre au nombre des choses possibles à la liberté de rendre objectivement apparents au dehors, par des actes sensibles, les actes formels ou virtuels internes ; et, supposé que les êtres libres usent d'abord sobrement ou par raison de cette faculté, cela ne les empêche point de sentir alors (par suite de l'actuel concours en eux de la nature avec la raison, et comme émanant de ce même concours) de certains sentiments mixtes dont la force et le degré sont justement l'équivalent de l'extension et de l'intensité déployées par eux-mêmes en leurs actes externes. Autant ils gagnent alors d'une part, autant ils perdent de l'autre. S'ils n'ont fait par hypothèse qu'obéir à la raison naturelle en s'extériorant, la réaction libre qui lui succède régulièrement les préserve de tout arrêt dans la contingence, en établissant un mouvement révolutif secondaire analogue au circulaire primitif ; mais, s'ils ont mis par hypothèse du leur dans l'élan vers le dehors ou ne se sont pas tenus suffisamment, après coup, en garde contre l'affection aux avantages extérieurs obtenus, ou leurs actes excéderont les lois de la nature et de la raison, ou leur attachement au dehors entravera, tant leur rentrée volontaire que le retour réformateur de la nature, au dedans ; et ces êtres, lancés dès ce moment dans un état *exceptionnel*, y persévéreront naturellement, c'est-à-dire nécessairement, parce qu'il est dans l'ordre de la nature de ne circuler d'abord qu'en cas d'équivalence réelle, et puis de n'émettre après soi d'autre liberté que celle qui correspond à son propre niveau ; c'est pourquoi, comme son propre niveau s'est abaissé par un acte de liberté de niveau supérieur, la seconde nature inférieure à la première engendre une seconde liberté de niveau moindre.

Il est possible de suivre ici par la pensée le dénivellement continu progressif de la nature et de la liberté. Il nous suffira, pour cela, de nous référer à la distinction introduite par Laurent de Jussieu dans les *caractères extérieurs* des végétaux, qu'il divisait en *perpétuels, habituels, passagers* et *singuliers*, ou, comme il les désignait lui-même, *constants et invariables*, géné-

ralement constants, peu constants et *nullement constants*. Un être dont tout l'exercice libre se bornerait à pratiquer spontanément l'obéissance aux lois de la nature et de la raison, jouirait assurément sans danger aucun, comme nous l'avons déjà dit, de l'immanence divine. Un être qui mêlerait un peu du sien à l'essor naturel, mais se contiendrait pourtant dans certaines bornes, conformément à la formule $V^2 < 4\,PR$, oscillerait autour des bornes à lui fixées par la nature et la raison, mais sans jamais pourtant les enfreindre. Un être, au contraire, qui ne craindrait pas d'égaler son propre essor à celui de la nature, ne pourrait se flatter d'entretenir avec elle qu'une concordance de hasard essentiellement précaire ; et pour en trouver un pire, il suffirait enfin d'en imaginer un quatrième assez audacieux pour tenter de soumettre la nature même à ses propres lois, auquel cas il est évident que ce dernier descendrait presque immédiatement au fond de l'abîme, c'est-à-dire, en l'état de mort ou d'inertie absolue. Continuons, en effet, à comparer au règne végétal les êtres libres. Formés sur un type unique, les végétaux monocotylédones sont foncièrement moins variables, de fait, que les végétaux dicotylédones, accessibles par deux portes au changement ; mais les végétaux polycotylédones, accessibles par plus de portes encore au changement, doivent plus varier encore que les dicotylédones ; enfin, les acotylédones, ouverts de tous côtés au changement, doivent varier en tous sens, et ne subsister pour ainsi dire que de variations ou simuler une indétermination presque complète. Ainsi sont faits les êtres libres : plus ils donnent à la liberté, plus ils perdent en constance ; et quand enfin, par hypothèse, la liberté prend tout, la nature à son tour dévore tout, pour maintenir intacte la loi d'équivalence, non moins nécessaire d'effet à effet que de cause à cause ou de cause à effet.

13. Bien des gens déclarent ne pouvoir comprendre l'état bienheureux d'êtres immortels invariables, présupposés exclusivement régis par les lois naturelles dont ils ne s'écartent jamais et paraissent être les esclaves. Des êtres libres qui, par raison, suivent scrupuleusement les lois de

la nature, n'en sont point les esclaves, mais les fils obéissants. L'obéissance n'est point une fonction moins honorable que le commandement : au contraire, elle l'emporte infiniment sur lui sous ce rapport. Entre le commandement et l'obéissance, il y a, sans contredit, comme entre tous termes naturels de relation, équivalence. Le commandement s'exerce avec plus de plaisir que l'obéissance, et c'est là son avantage spécial ; l'obéissance, qui lui cède incomparablement de ce côté, l'emporte d'autant sur lui d'autre part, car elle est tout spécialement méritoire. La toute-puissance naturelle a bien son mérite particulier, mais ce mérite consiste à se contenir ; l'obéissance, au contraire, se livre, mais, en se livrant librement, elle se place au niveau du commandement, qui, sans elle, ne parviendrait jamais à se réaliser. Le commandement provoque l'obéissance et la soutient ; l'obéissance objective et parfait le commandement : ces deux choses tournent donc ensemble, comme nous avons déjà dit que circulent l'une autour de l'autre la nature et la liberté. Ce sont les deux facteurs indispensables et corrélatifs de toute activité réelle ; elle se pose ou se réalise en eux ; et puisque, en se compliquant, ils sont censés intégrés ou saturés tous deux, c'est une preuve qu'ils sont autant égaux en distinction qu'identiques en union.

Mais, en face du commandement, on ne rencontre pas toujours l'obéissance ; car la même liberté qui permet à l'un la soumission permet à l'autre la révolte ; et, par cette duplicité de voies qu'ouvre la liberté, le monde se divise en deux camps : inconvénient énorme sans doute à un certain point de vue, mais non à tous égards. Car, si c'est un mal que le mal se commette, ce n'est pas un mal qu'il soit commis[1], puisqu'il est nécessaire[2], non pas seulement au *plus grand* bien, comme le disait Leibnitz, mais (ce que cet

---

[1] Ce n'est pas là un jeu de mots : l'actif peut être répréhensible, sans que le passif le soit. Un soufflet peut être très-mal donné, et très-bien reçu.

[2] Comme ce mot est de dure digestion, nous citerons à l'appui les divines Écritures, où on lit : *NECESSE est... ut veniant scandala* (Math., XVIII, 7). *NECESSE fuit ut tentatio probaret te* (Tob., XII, 13). La *nécessité* pour une puissance n'exclut point la *liberté* d'une autre. Ainsi s'évanouissent les contradictions reprochées aux mystères.

illustre penseur n'a pas compris) au bien *même*·
Commençons par éclaircir ici les idées en cette matière.

Le commandement est d'abord un, comme la Nature qui le donne. Qu'est-il alors? Il est, pour ainsi dire, *a-sexuel* de fait et *bi-sexuel* en puissance. *Bi-sexuel* en puissance seulement, il renferme un x et un y, deux inconnues; et le caractère en est indistinct, à l'instar de tous les *neutres*. Admettons, alors, qu'il s'objective et provoque ainsi, chez l'un la soumission, chez l'autre la révolte: de suite, il se dédouble et se sexualise en quelque sorte lui-même, en se changeant en *autorité paternelle* pour le premier, et en *pouvoir despotique* pour le second; et ce n'est point déjà certainement un mal, mais un bien, que la puissance radicale ou naturelle se démontre ainsi séparément toute *douce* ou toute *violente,* en raison des relations librement établies d'être à être. Mais nous pouvons aller plus loin et démontrer qu'il n'y aurait point de vrai bien ou de bien accentué quelconque sans mal concomitant.

Tout bien qui se pose ou s'accentue nettement,

ne le fait que par horreur ou par crainte du mal. Ne voyons aucun danger devant nous, et voyageons par hypothèse en toute assurance : reviendrons-nous jamais sur nos pas? nous entourerons-nous de précautions? chercherons-nous un aide, un sauveur? et, l'ayant trouvé par hasard, l'étreindrons-nous d'un violent amour ? Certainement, non. Le désir est proportionnel aux besoins, la prudence aux dangers, l'affection aux services ; et c'est toujours ainsi le contraste qui fait l'intensité des sentiments, comme la longueur des chemins parcourus avec accélération fait l'intensité des vitesses. La vue du loup ramène précipitamment toutes les brebis au bercail; la peur éclaire, l'horreur attache, l'aversion passionne : la vie s'exalte entre contraires ou disparates, comme la pression entre les deux pièces d'un étau. Le cœur blasé se relâche et détend dans l'indifférence, il oublie le bien jusqu'entre les bras du bien. Mais, au moment où le mal se dresse et se montre dans toute sa laideur, le bien mieux apprécié recouvre tous ses charmes, et on l'aime désormais en raison composée de ses propres attraits et des monstrueuses horreurs dont seul il préserve ou délivre. Le mal est donc, comme nous l'avons prétendu, nécessaire au bien ; mais cette nécessité du mal n'exclut point la liberté des actes, puisqu'au contraire il l'implique ; cette même nécessité du mal n'est point non plus une raison de haïr ou de proscrire la liberté qui lui donne naissance, car, des flancs mêmes de la liberté, d'où sort le mal, sort simultanément le bien, avec la commune destinée de rechercher, chacun, leur aliment, non dans leur *source* commune, mais dans leur *contraire* même, jusqu'à ce qu'ils atteignent séparément, l'un et l'autre, au sommet d'extension et d'intensité réalisables en la contingence.

14. Le bien et le mal opposés sont comme les deux sexualités masculine et féminine, deux tendances contraires, et forment, à leur exemple, deux couples inverses, opposés : *positif-négatif* et *négatif-positif* dans l'ordre *physique* des sexualités ; *amour-aversion* et *aversion-amour* dans l'ordre *moral* des affections. Or on sait que le masculin et le féminin, figurables par les carrés du cosinus et du sinus, quoique *ac-*

tuellement ainsi compliqués de positif et de négatif ou de $+$ et de $-$, peuvent être encore *radicalement* en commun d'un seul genre et nommément du genre *sensible*, tout spécialement positif, et c'est quand le cosinus et le sinus appartiennent tous deux au premier quadrant, où chacun d'eux est égal à $+1$; car s'ils appartenaient tous deux, par exemple, au troisième quadrant, étant alors en commun négatifs, ils seraient inversement l'un et l'autre (en principe) du genre *intellectuel*; mais on sait aussi que, dans ce dernier cas, au lieu d'avoir une résultante positive ou d'être réellement féconds, comme dans le premier cas, ils ne demanderaient qu'une résultante négative ou seraient irrémédiablement stériles. De même, il est possible aux deux termes relativement complexes *amour-aversion* et *aversion-amour*, appelés *bien* et *mal*, d'avoir tantôt une résultante *positive* et tantôt une résultante *négative*, ou d'être tantôt *féconds* et tantôt *inféconds*, et c'est quand *radicalement* ils sont de nouveau tous deux du même genre *positif: amour*; car, si par hasard l'*aversion* faisait le fond de leur caractère, ils n'auraient point de résultante réelle ou n'aboutiraient jamais à rien. Dans l'ordre moral, comme dans l'ordre physique, il y a donc deux cas essentiellement distincts : l'un de production et de raccordement, l'autre d'improduction et d'inconciliabilité. Deux êtres improductifs et inconciliables demeurent éternellement opposés ; deux êtres productifs et conciliables trouvent toujours plus tôt ou plus tard, dans l'infinie série du temps, un terme moyen ou médiateur qui les établit ou rétablit en accord, et ce terme moyen ou médiateur est le genre commun leur équivalent, dont l'intervention a pour effet de les saturer en quelque sorte par le parfait équilibre de leurs tendances contraires. L'équivalence représentée par ce dernier terme tenant tête aux deux autres et les saturant en même temps, n'est plus une simple équivalence *purement actuelle* ou *formelle*, comme les deux précédentes dont il avait été question jusqu'à cette heure, mais une équivalence *virtuelle* ou radicale-interne.

L'équivalence *virtuelle*, une fois bien comprise, donne la clef de tous les temps à venir et rend compte en particulier de l'éternelle destination des êtres originairement temporels en apparence. En effet, l'impuissance *physique*, contractée dans l'ordre matériel des relations soumis au régime général du Sens externe, se résout ou cesse naturellement à l'expiration de la vie présente, qui peut être évidemment suivie d'une vie nouvelle plus prospère. L'impuissance *formelle*, contractée dans l'ordre externe, mais cette fois formel, de relations soumis au régime général de l'Intellect, quand elle n'a point déjà fini par hypothèse avant la mort, par la cessation prématurée de l'erreur qui la fonde, finit au moins infailliblement par la mort ou ses suites, dont les éloquentes leçons suffisent à dissiper toutes les erreurs. Mais, d'après ce que nous disions tout à l'heure, nulle transformation des êtres réalisable dans le temps, nulle transformation même réalisable hors du temps, ne peut remédier à l'impuissance *virtuelle* constituée par le défaut d'équivalence dans le genre de l'Esprit. Donc cette impuissance doit être et rester éternelle, comme l'in-équivalence aussi, conformément à cette parole évangélique : *Qui autem dixerit contra Spiritum sanctum, non remittetur ei neque in hoc sœculo, neque in futuro* (Mathieu, xii).

Malheur, donc, à qui manque de l'Esprit éternel ou radical, ou mieux, à qui se constitue par acte libre et volontaire dans le règne absolu de la négation, et qui, prenant alors en aversion le bien, en affection le mal, pèche contre l'Esprit! Car tout péché de ce genre demeure irrémissible. Jamais, l'œil qui se ferme volontairement à la lumière ne s'éclaire; jamais, le cœur spontanément ou gratuitement endurci ne s'attendrit. Quand, dans les deux ordres *physique* et *formel*, l'équivalence n'existe point par inégalité de données ou par insuffisance de moyens, on souffre par excès ou par défaut, et l'on ressent des besoins de sécrétion et d'excrétion, ou des sentiments de crainte et de désir, qui, s'ils ne peuvent aboutir à l'état immanent d'équilibre, ne s'en écartent pas souvent beaucoup non plus; c'est pourquoi l'on vit généralement, au lieu de réalités, d'espérances. Mais, dans l'ordre *moral*, on ne peut jamais espérer, ni que les circonstances extérieures changent (comme c'est le cas dans l'ordre *physique*) l'état interne, ni qu'un accroissement de ressources artificielles (telles qu'il en surgit souvent dans l'ordre *formel*) viennent indirectement le modifier. L'Esprit *absolu* régnant est toujours là, requérant impérieusement, chez les êtres moraux, le triomphe du bien, et, chez les immoraux, le triomphe du mal. L'essence de chacun d'eux en fait donc alors, instantanément et perpétuellement, ou la récompense ou le supplice : le juste trouve le ciel dans son propre cœur; le méchant y trouve son enfer.

15. L'équivalence *virtuelle*, bien qu'elle intervienne en général comme compensatrice des inégalités passagères du Sens et de l'Intellect en exercice externe, ne se pose point pour cela comme leur représentation naturelle, et ne se laisse pas davantage représenter par leurs formules respectives. Car le bien parfait, se servant à lui-même de sujet et d'objet, est trop indépendant de toutes les conditions du temps et de l'espace pour se prêter à des expressions tirant de là leur origine; et sa propre formule ne peut être alors qu'une immédiate affirmation d'*éternelle identité*, sans le moindre détail qui vienne en compliquer ou modifier l'Unité radicale. Soit A,

la représentation absolue du Bien absolu. Prenant à la fois cette expression pour *sujet* et pour *objet* de proposition, nous établirons l'équation A = A, qui demeurera comme symbole d'*identification* et d'*unité* : d'abord d'identification, puisque le sujet et l'objet en sont manifestement identiques; puis d'unité, puisqu'en divisant l'objet par le sujet ou *vice versâ*, on a leur rapport nécessairement égal à 1.

Mais c'est là, nous dira-t-on, une pure tautologie, c'est-à-dire ce qu'on peut imaginer de plus insignifiant au monde ! Sans doute, une proposition tautologique ne fait guère avancer la pensée; pour qui se propose d'aller en avant, elle est une entrave intolérable, un non-sens évident. Mais pourrait-il en être ainsi quand justement, comme dans le cas actuel, il s'agit de fixer la pensée dans une forme d'où elle ne puisse sortir, et qui la pose à tout jamais comme invariable ? Une identité proprement absolue ne peut ressembler en rien aux identités simplement relatives. Une identité relative au dehors, ou *physique*, est l'une quelconque des trois identités de fait assignées au § 5. Une autre identité relative au dedans, mais *formelle* alors, c'est l'identité décrite au § 10. L'identité rigoureusement absolue, qu'il s'agit actuellement de représenter, si l'on veut qu'elle se distingue des deux précédentes relatives, ne doit évidemment renfermer en elle-même, à leur exemple, ni différence de *fait* sensible ni différence de *forme* intellectuelle : elle doit donc ne contenir qu'une différence imaginaire ou nulle, ou, pour mieux dire encore, un simple simulacre de différence; et, parce que telle est évidemment la vaine portée d'une proposition tautologique, nous concluons de là que, non-seulement la meilleure, mais la seule figure possible de l'équivalence *virtuelle* est la formule, souverainement banale, complétement inutile à tous autres égards, $A = A$. Sous ce rapport, *moins elle est significative, plus elle a de sens ou de raison d'être*[1]. La fidèle image de l'Absolu ne peut être qu'une absolue réquisition de l'emploi des *indiscernables* en quelque genre de choses que ce soit: nombre, poids, mesure, longueur,

[1] Il y a des choses qu'on ne dit pas, et qu'on abandonne à la sagacité du lecteur. *Quæ non licet homini loqui*, dit saint Paul (II Cor., XII, 4).

largeur, hauteur, force, direction, vitesse et sens.

Le système des équivalences de *fait* érigé § 5, le système des équivalences de *forme* érigé § 10 et le système des équivalences de *principe* érigé § 15, composent tous les systèmes possibles d'équivalence ; car on n'en saurait imaginer d'autre, toutes les divisions de l'Activité se réduisant à celles d'*acte*, de *tendance* et de *puissance*, et ces trois divisions correspondant aux trois systèmes précédents. D'ailleurs, en même temps que chacun de ces systèmes se distingue parfaitement des deux autres, d'une part, il y revient, ou s'y laisse ramener, de l'autre, à la condition incontestée que les deux autres en fassent séparément autant. Donc la série que nous avons établie, de Sens à Intellect, et d'Intellect à Esprit, peut s'appliquer également (*mutatis mutandis*), d'Esprit à Intellect et d'Intellect à Sens, ou bien encore d'Intellect à Sens, à Esprit. Donc, ici, ce qu'il importe en définitive de considérer, ce ne sont point les objets d'application de la Méthode de la Mécanique comparative, c'est la Méthode elle-même ; et, pour nous résumer, nous pouvons dire qu'elle consiste à reconnaître, en tout ordre d'idées et réduction faite, ce qui suit :

$$\text{individualités} = 1_1^1 + 1_2^1 + 1_3^1,$$
$$\text{deux espèces} = 1_1^2 + 1_2^1,$$
$$\text{un genre} = 1_0^3.$$

FIN.

TABLE DES MATIÈRES

Avant-Propos...................................	§§
But de la Mécanique comparative : la recherche des équivalents............................	1
De l'équivalence dans l'ordre des *actes* réels..	4
De l'équivalence dans l'ordre des *tendances* formelles..	9
De l'équivalence dans l'ordre des *puissances* spirituelles..................................	14
Distinction et coexistence des trois équivalences en acte, tendance et puissance............	16

Fin de la Table.

www.ingramcontent.com/pod-product-compliance
Lightning Source LLC
LaVergne TN
LVHW020953090426
835512LV00009B/1884